LIGNES DE GUERRE
DE GAZA À KABOUL

LIGNES DE GUERRE DE GAZA À KABOUL

A consacré ces Chroniques aux milliers de martyrs, enfants, femmes et frères qui tombent chaque jour à Gaza, à Al-Quds (Jérusalem occupée), à Damas, à Bagdad, à Kaboul ... sous l'emprise des chefs de guerre et la mort, qui dictent leurs peines et choisissent le Moyen-Orient comme un cimetière pour leurs affaires impérialistes.

Pour eux ma conscience écrite, faite d'encre.

Abu Faisal Sergio Tapia

Chronique sous le ciel de Gaza

Il est 6 heures dans ma tête l'appel du muezzin lointain, qui se mêle à la voix chaleureuse de ma mère qui me caresse avec sa phrase: c'est le moment habibi, je dois me lever à côté de mon frère Ahmed pour aller à l'école, mon père dans la cuisine boit du café, avec son sourire de pêcheur de Gaza il me donne son baiser sur le front avec son Salam, il semblerait que je ne me réveille pas, je tombe par terre à côté du rugissement d'une forte explosion dans mes oreilles, ça fait mal tout, non Je ne vois rien, tout est blanc, tout est noir, je sens des cris, je me sens pleurer, je sens des voix, j'entends des bruits venant du ciel, ce sont des avions qui lancent des bombes ... mettant fin à tout ce que j'aime ... mettant fin à mon histoire ... mettant fin à ma vie, juste pour être palestinien.

La radio annonce la mort d'une famille de réfugiés, des dommages collatéraux ont déclaré les ministres, la douleur de l'innocent pleure l'humanité de cette chronique urbaine.

explosion des missiles sur le ciel de l'hôpital

Chronique sous le ciel du Yémen

Les bombardements détruisent tout le marché
Morceaux de rêves brisés
Les cris de l'enfant oublié du Yémen,
ils sont plus de 60.000 innocents silencieux
tandis que le roi saoudien a célébré
du 26 mars sanglante
Yémen ...
Mon éternel Yémen
Je ne t'ai pas oublié.

IL N'Y A PAS DE LIEU
SÉCURITAIRE ...
SEULEMENT
LES MARCHES
DE LA MORT

Chronique de la démocratie occidentale au Moyen-Orient

Mort et destruction à Kaboul
Mort et destruction à Bagdad
Mort et destruction à Gaza
Mort et destruction à Sanaa
Mort et destruction
Comment tu t'appelles ...
Démocratie occidentale.

10
MINUTES
UN FILS MEURT
Par vos missiles
DE FAIM...

Chronique sous le ciel algérien de la liberté

Le garçon a crié fort à l'officier français.
C'est l'Algérie, terre des martyrs que je lui montre de la main.
Le regard du colonialiste était furieux.
Le garçon a soulevé le désert et avec son souffle a brûlé l'officier français.
Ainsi est née la libération algérienne de l'oppression du criminel français.
Histoires du Maghreb.

Plus jamais
IL Y A PLUS DE FAMILLES,
SEULEMENT DES PIÈCES DANS
KABOUL

Chronique de 70 ans d'occupation

TOUS LES TROIS JOURS MORT
UN ENFANT PALESTINIEN
AVEC VOS BULLETS
MADE IN

Chronique de la trahison de mon frère

Vents en trahison ...
ça se répand ...
de couronne en couronne ...
Huile de désert et or.

Plus traître à son frère que son propre sang.

Des témoins comme des mortiers ont tiré en mémoire
de la toujours Nakba
Al-Quds, Gaza, Jénine ...
et de plus en plus
Washington et Tel Aviv
ils ont scellé leur alliance de sang,
et mon frère
Il m'a trahi.

Ma terre est volée, ma maison est volée, mes enfants sont tués Ça vous intéresse?

Chronique du fils Martyr

Mon fils dans mon ventre
Il est déjà un martyr.
Cette occupation a décidé
tue nous
Ce qu'ils ne savent pas, que nous avons
décidé de nous libérer.
Poings libres et immortels
le sang que nous avons touché
l'armée criminelle de
Oppresseur

vous êtes un génocide en toute impunité

Chronique du vendredi à Jérusalem occupée

Des larmes de sang ont été
Ce matin dans toute la Jérusalem occupée
Les criminels rassemblés ont jeté
Son arrogance sur la terre sacrée
L'armée de colère se prépare,
de sorte que chaque vendredi après l'appel
L'intifada ...
Pour lutter contre l'infamie
de l'histoire volée.

Qu'est-ce que ça fait d'être le meurtrier d'un peuple héroïque?
Monsieur le Premier ministre ...

Chronique de la résistance armée

Ils sont des morceaux cassés
Où personne ne regarde
10 ans et plus.
Quelle douleur pour mes frères.
Appel à la prière sur les ruines.
Priez mon sang pour les martyrs.
Secouez mon âme encore et encore.
Les larmes de l'enfance dévastée.
Ça s'appelle Gaza ...
ma terre bien-aimée
Ça s'appelle la résistance
avec l'âme ... armé.

ARRIVE UNE
CORRESPONDANCE AUX
DÉPARTEMENTS DES
PREMIERS MINISTRES,
LES CADAVRES DES VOIX
INOCENTES SILENCIEES PAR
LEURS ARMES

IMPUNITÉ ...
QUELLE EST LA VIE D'UN
ENFANT PALESTINIEN,
AFGHAN,
SIRIO,
AFRICAIN,
PERDON NE CITE PAS
DANS VOTRE SAC
DES VALEURS.

ETHIOPIE, AFRIQUE

L'immense chaleur sur le terrain, ça casse tout,
il n'y a pas d'espoir ici,
la condamnation de notre race, pour la brutalité
le colonialiste s'étend éternellement,
la chair est déchirée,
la faim, arme de guerre,
les nouveaux mercenaires sont déjà arrivés,
combien de Fadul me demande,
combien de combien,
si c'est l'Ethiopie ...
le cimetière de l'humanité oubliée

CHRONIQUE
DU SILENCE

Ici, la BBC, 150 000 migrants sont arrivés au Yémen ...
le silence des gouvernements ...
le téléphone sonne dans tous les bureaux des premiers ministres,
sur chaque minute, un enfant meurt dans la Corne de l'Afrique,
dans le détroit d'Al Mandeb, dans le golfe d'Aden,
Messieurs les dirigeants du monde, leurs bombes de faim tuent et tuent,
Au fait, au Yémen toutes les 10 minutes ...
Riad, Washington, Londres ...
tout le monde tapis leurs bureaux
avec les cadavres des enfants
de la corne de l'Afrique
cette chute seconde après seconde ...

Rwanda 1994
les larmes
de la
l'humanité

Avez-vous déjà tué un Tutsi?

100 jours d'avril, 300 mille enfants assassinés,
nous sommes noirs, nous sommes africains,
Une blonde ONU et une européenne où es-tu?
Vous observez le génocide par mètres,
pendant qu'ils me tuent
tu m'enterre
Le génocide a été organisé
pour le meurtrier et pour votre indifférence
J'ai blessé
le Rwanda

La Déclaration universelle des droits de l'homme de la mort

La Déclaration universelle des droits de l'homme est un document qui marque une étape importante dans l'histoire des droits de l'homme dans de nombreux instruments de guerre et de destruction des peuples du monde.

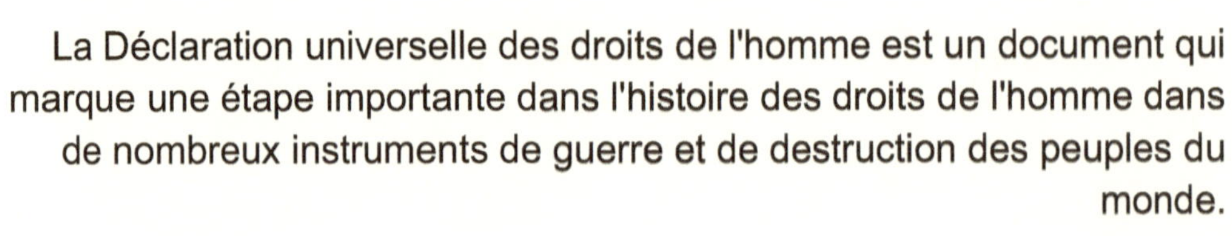

Préparé par les représentants de toutes les régions du monde ayant utilisé les différents antécédents juridiques et culturels, en passant par la guerre à la banque, en passant par le commerce des armes, le service des mercenaires, la Déclaration a été proclamée par Capitales du monde mondial et mondial de la guerre et de la guerre, au XXIe siècle dans sa résolution 2018, en tant qu'idéal commun pour tous les peuples et toutes les nations.

La Déclaration établie, qui a été publiée la première fois, qui a été mise en œuvre et qui a été transformée en monde entier et traduite en plus de 500 langues.